A B C D E F

1
2
3
4
5
6

A B C D E F

1
2
3
4
5
6

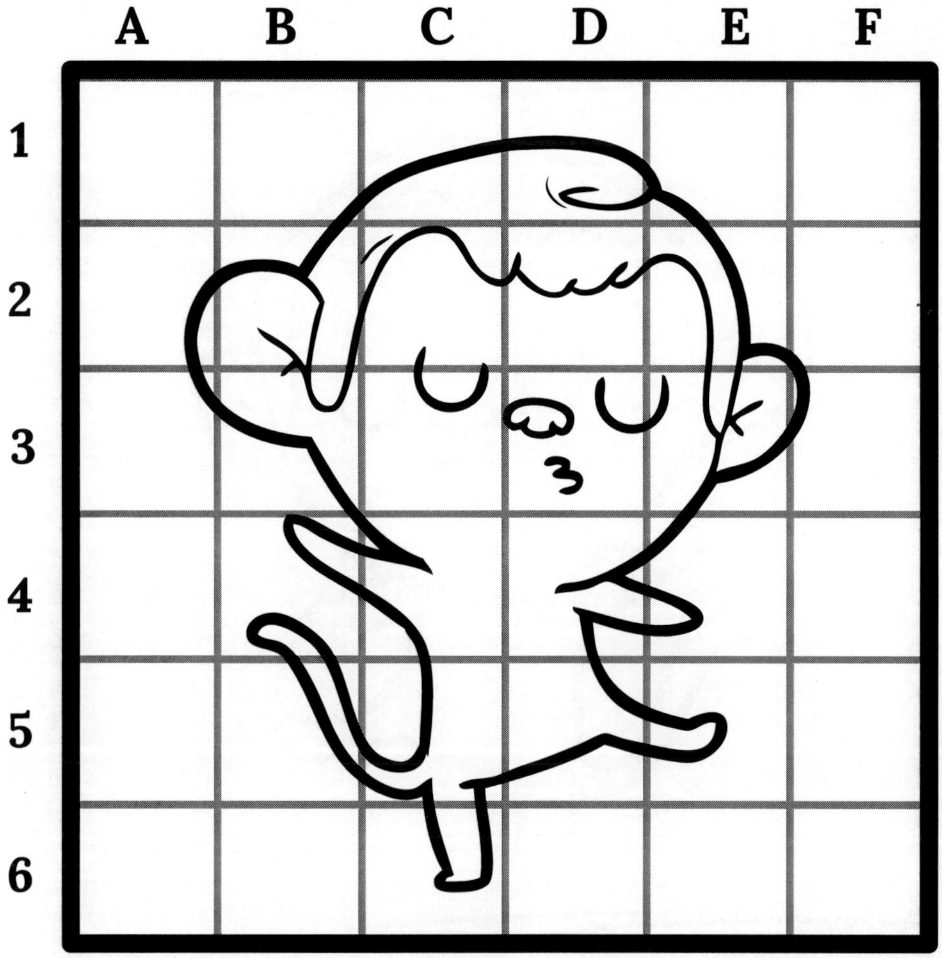
A B C D E F
1 2 3 4 5 6

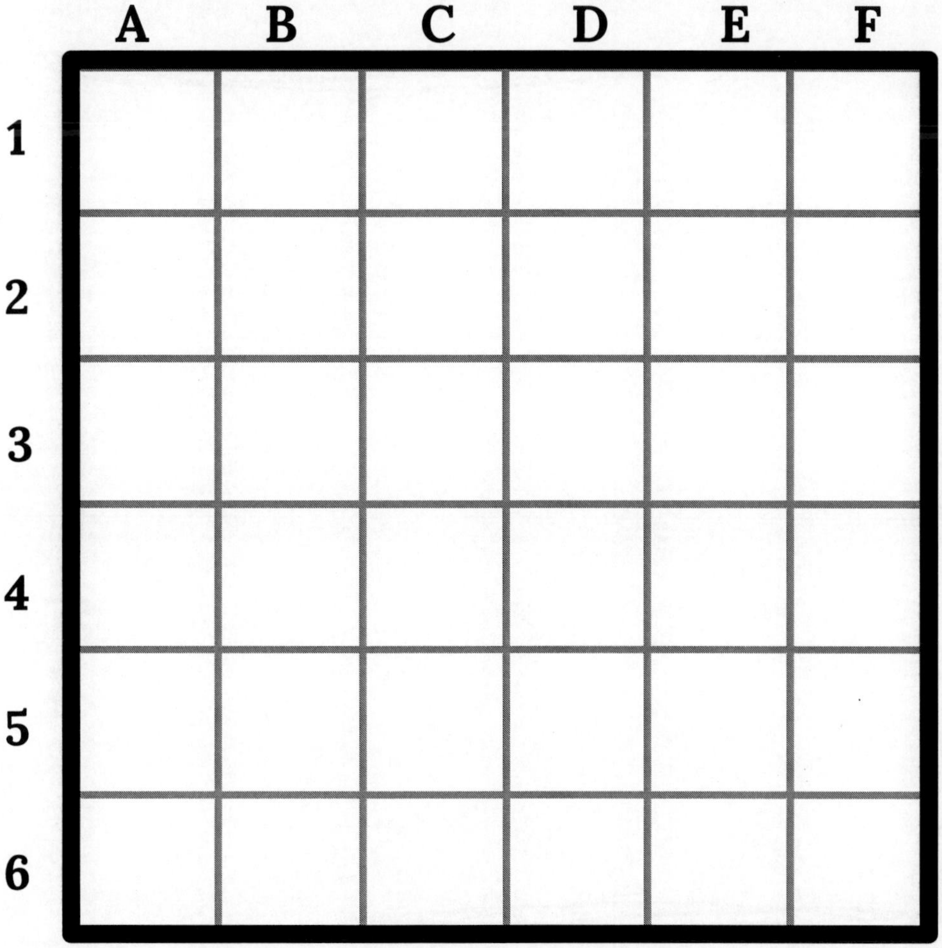
A B C D E F
1 2 3 4 5 6

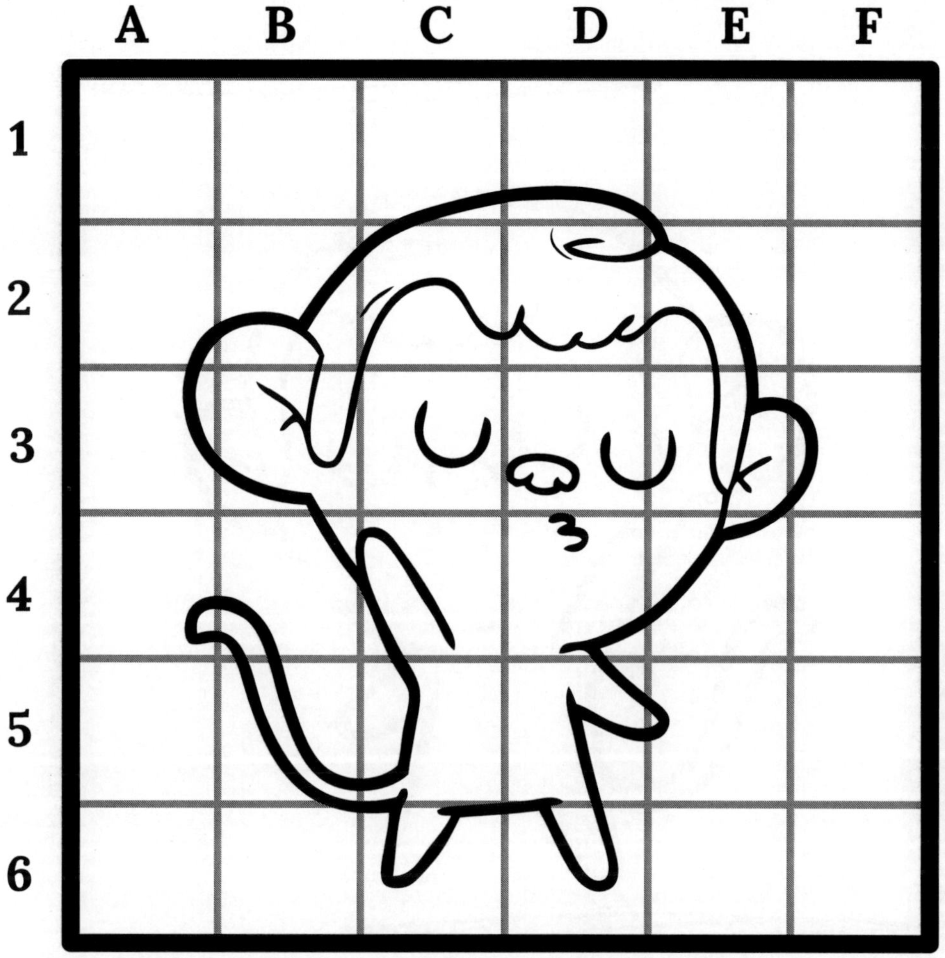
A B C D E F
1 2 3 4 5 6

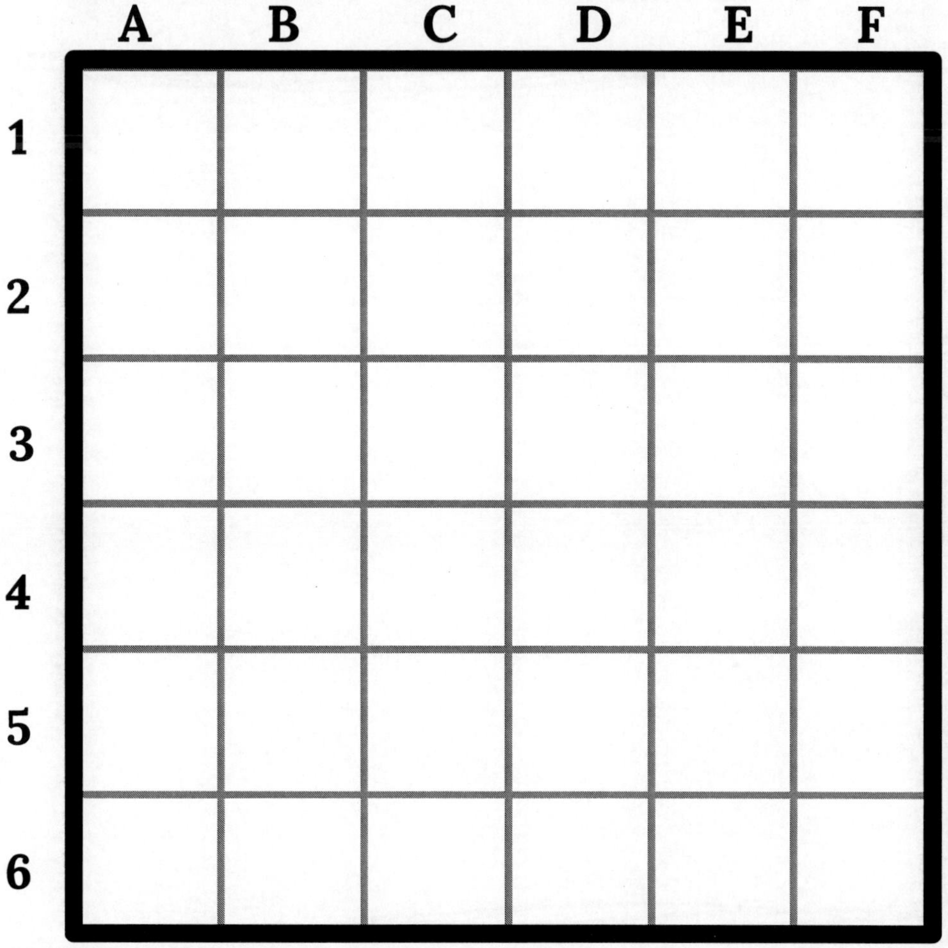
A B C D E F
1 2 3 4 5 6

A B C D E F

1
2
3
4
5
6

A B C D E F

1
2
3
4
5
6

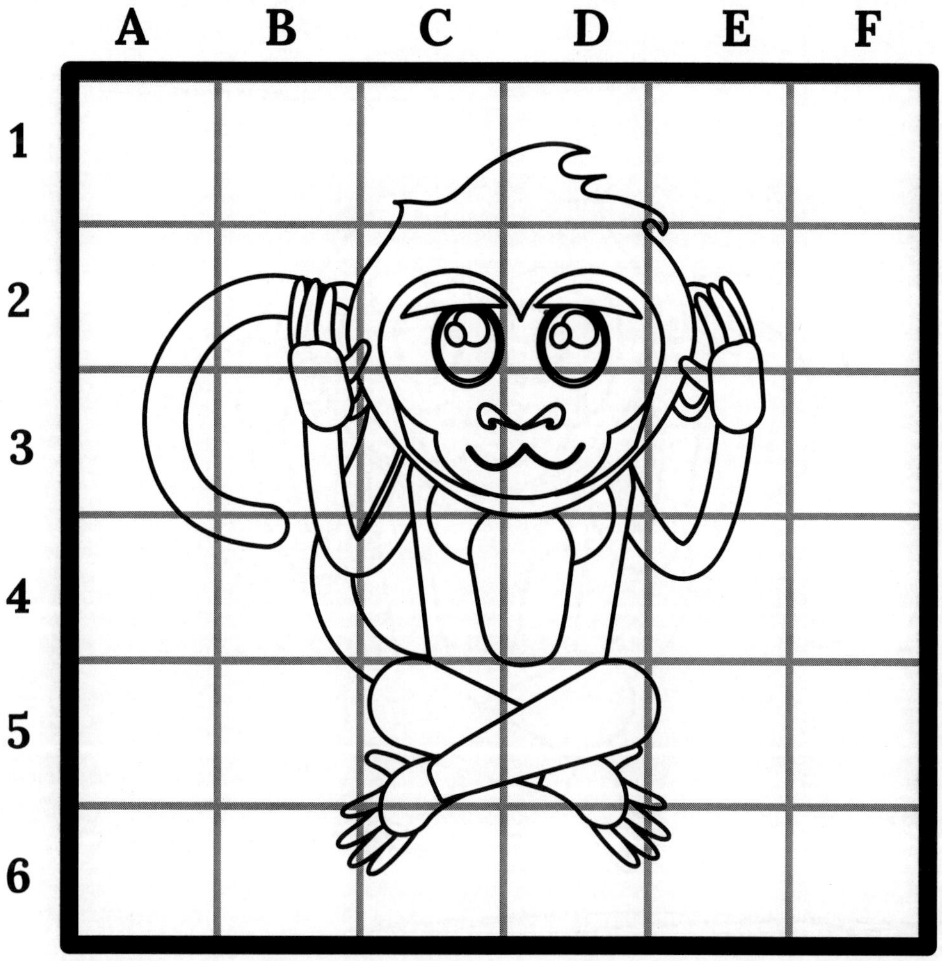
A B C D E F
1 2 3 4 5 6

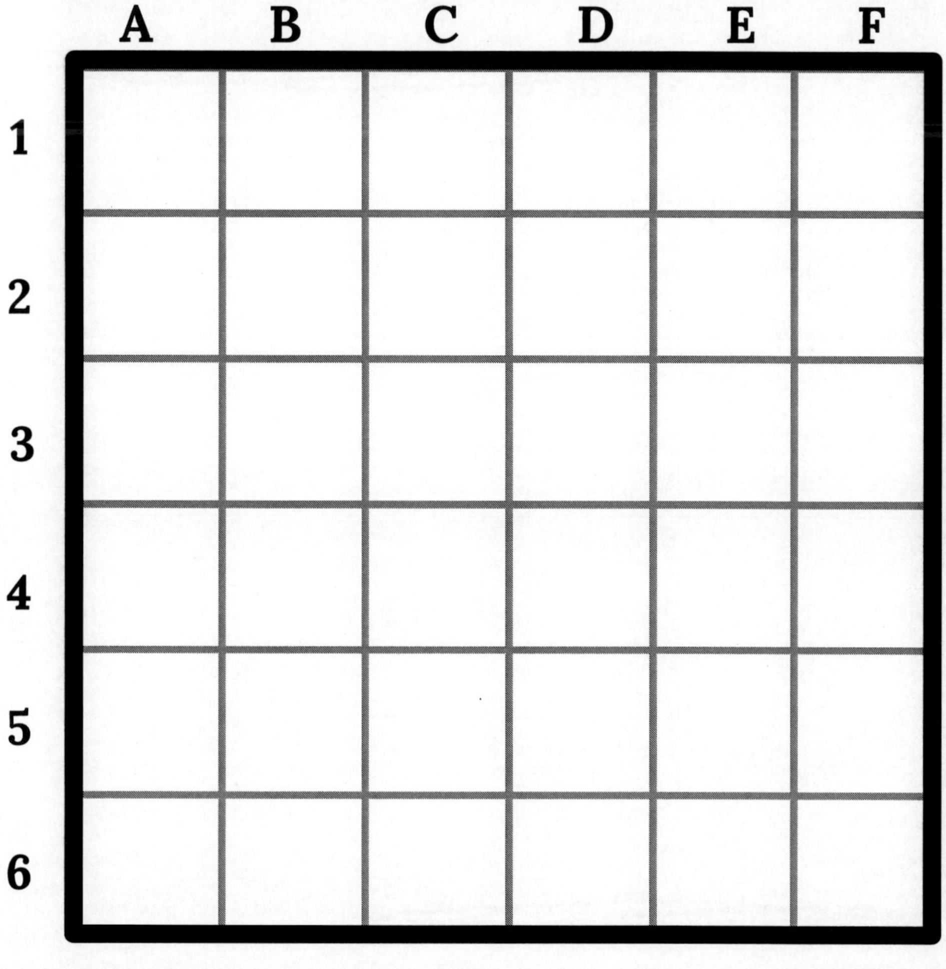
A B C D E F
1 2 3 4 5 6

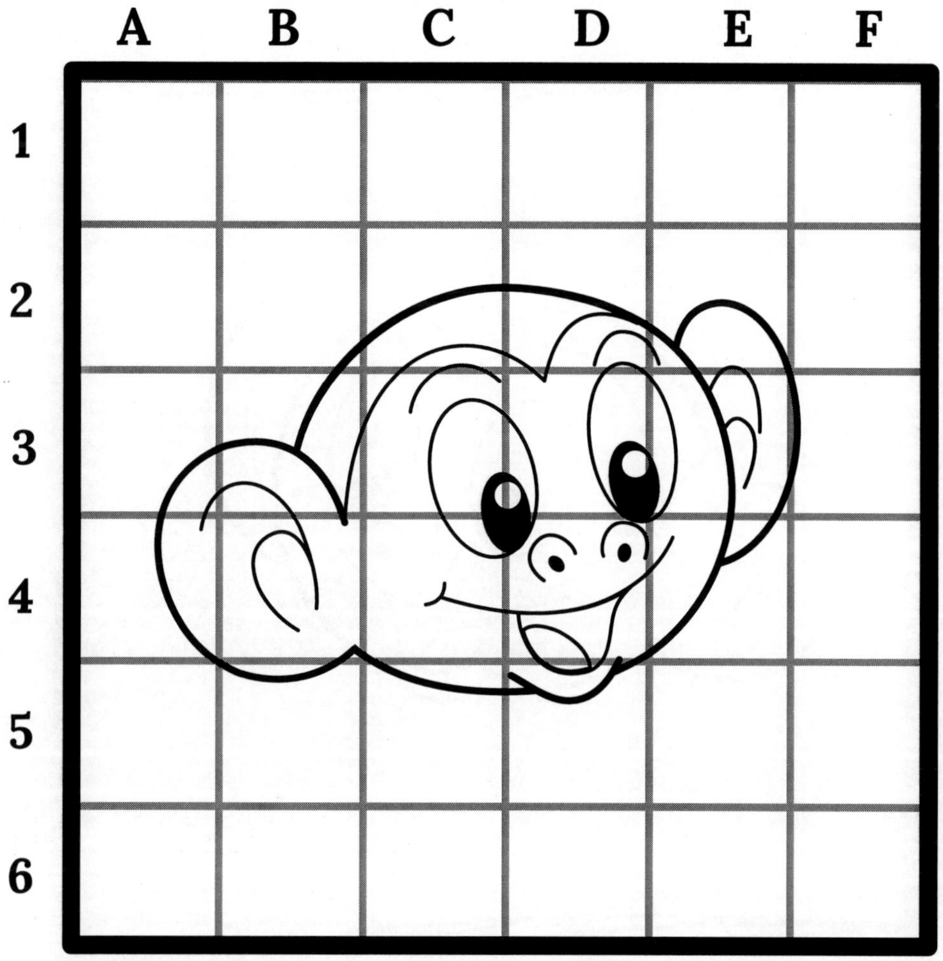
A B C D E F
1 2 3 4 5 6

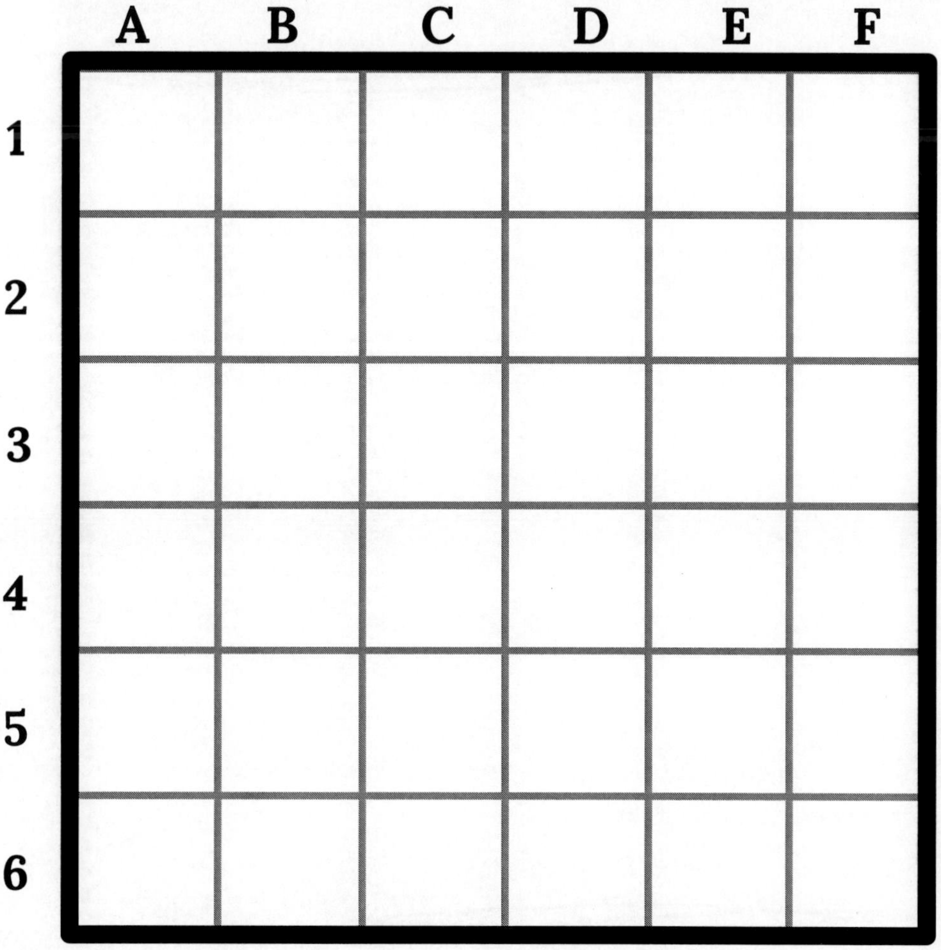
A B C D E F
1 2 3 4 5 6

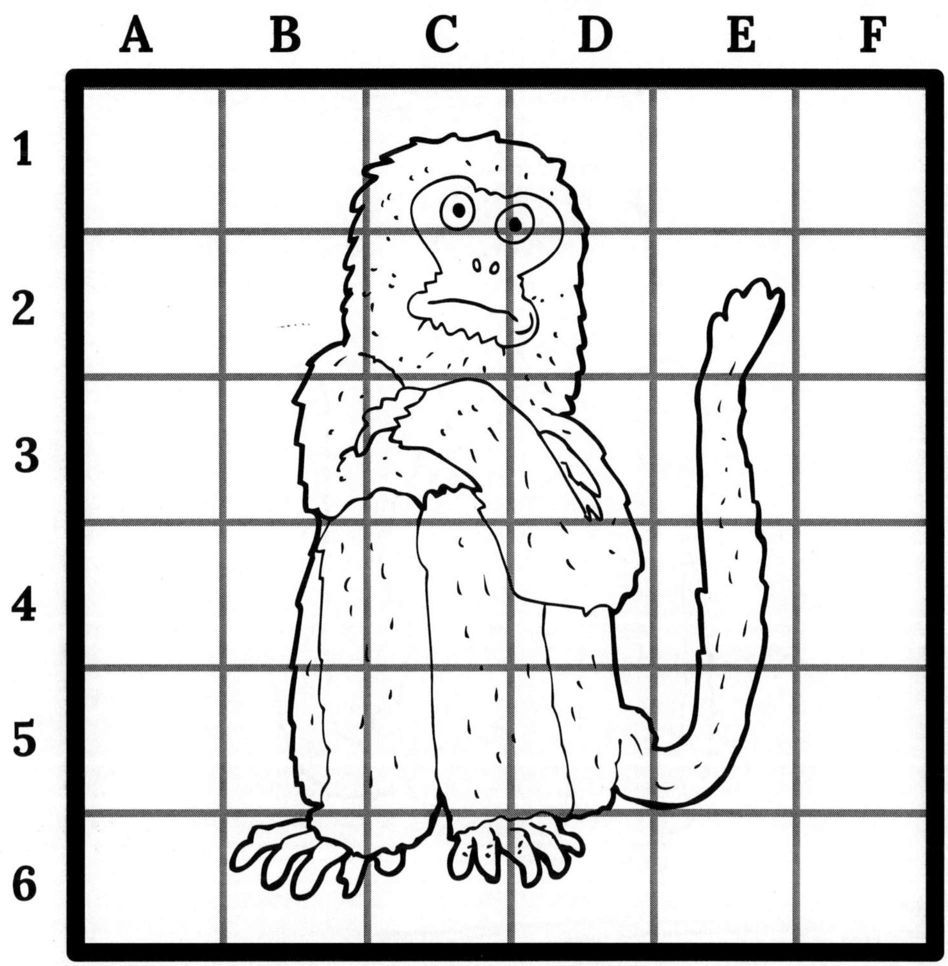
A B C D E F
1 2 3 4 5 6

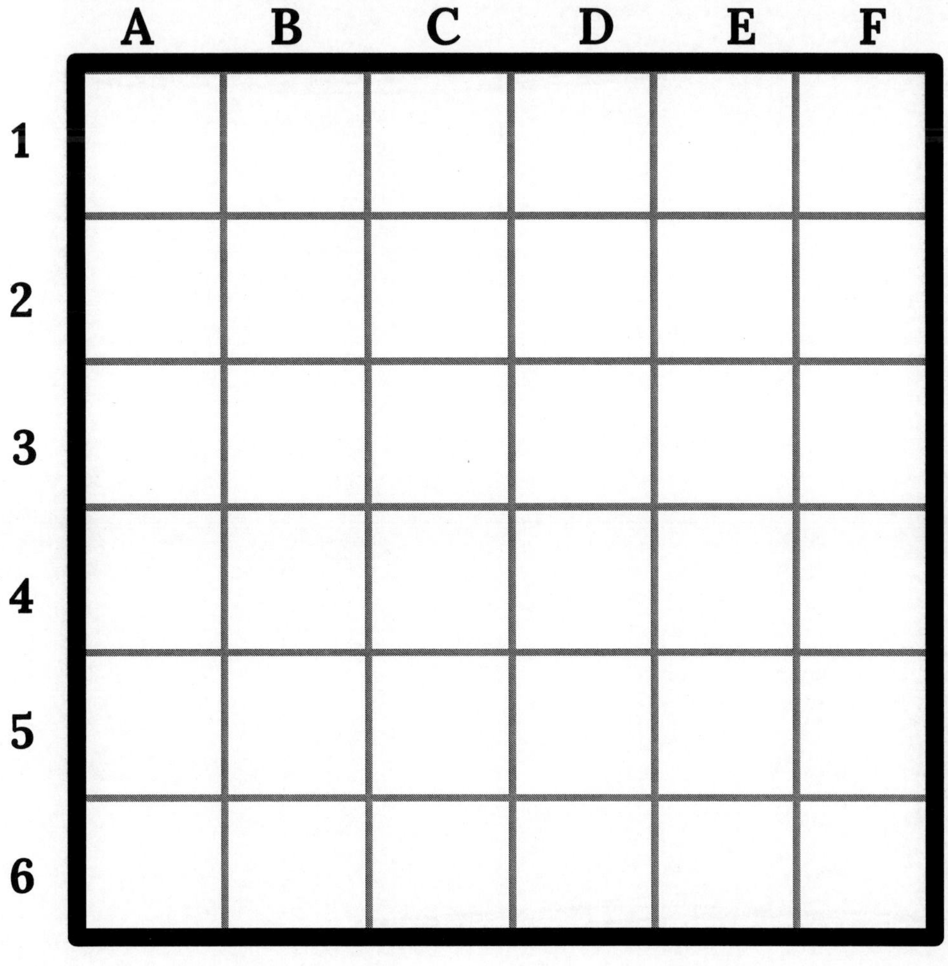
A B C D E F
1 2 3 4 5 6

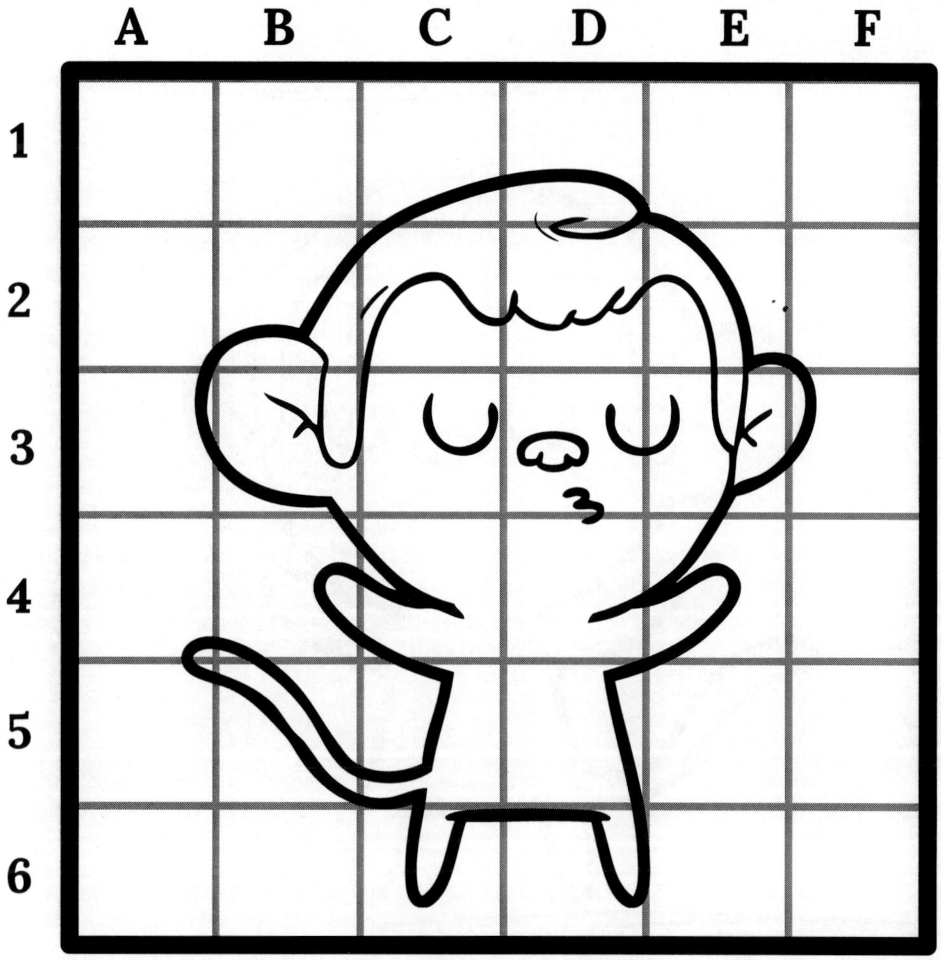
A B C D E F
1 2 3 4 5 6

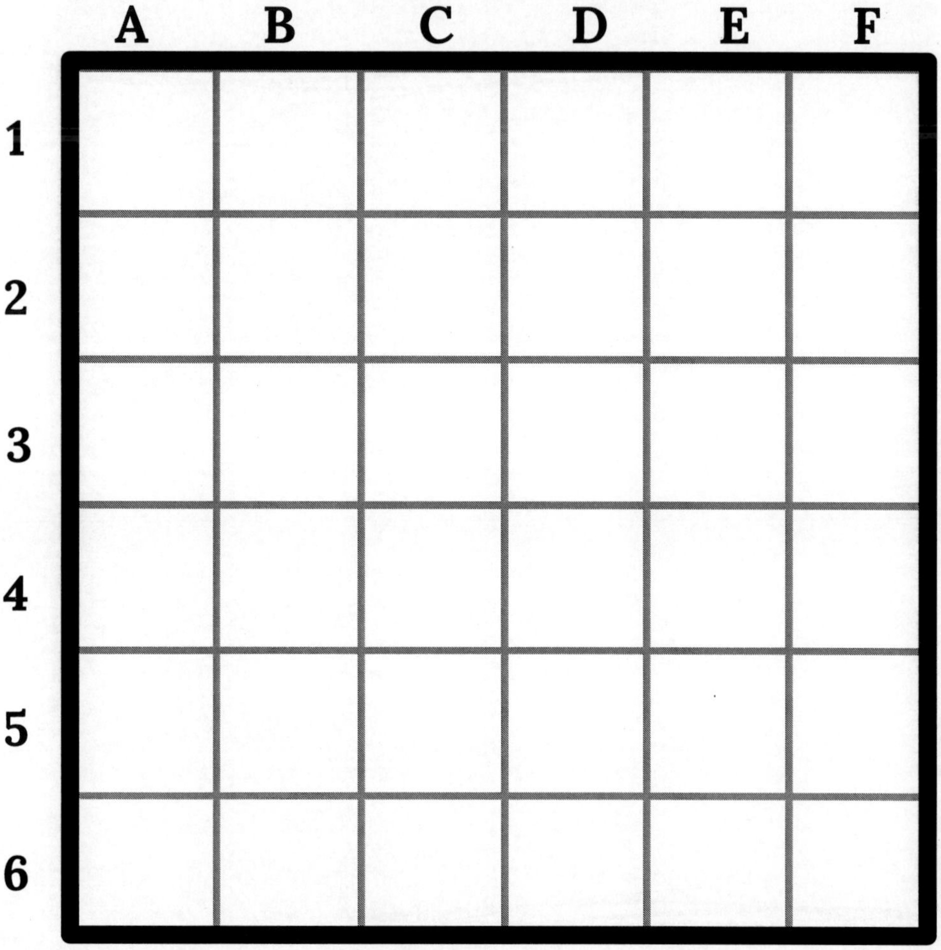
A B C D E F
1 2 3 4 5 6

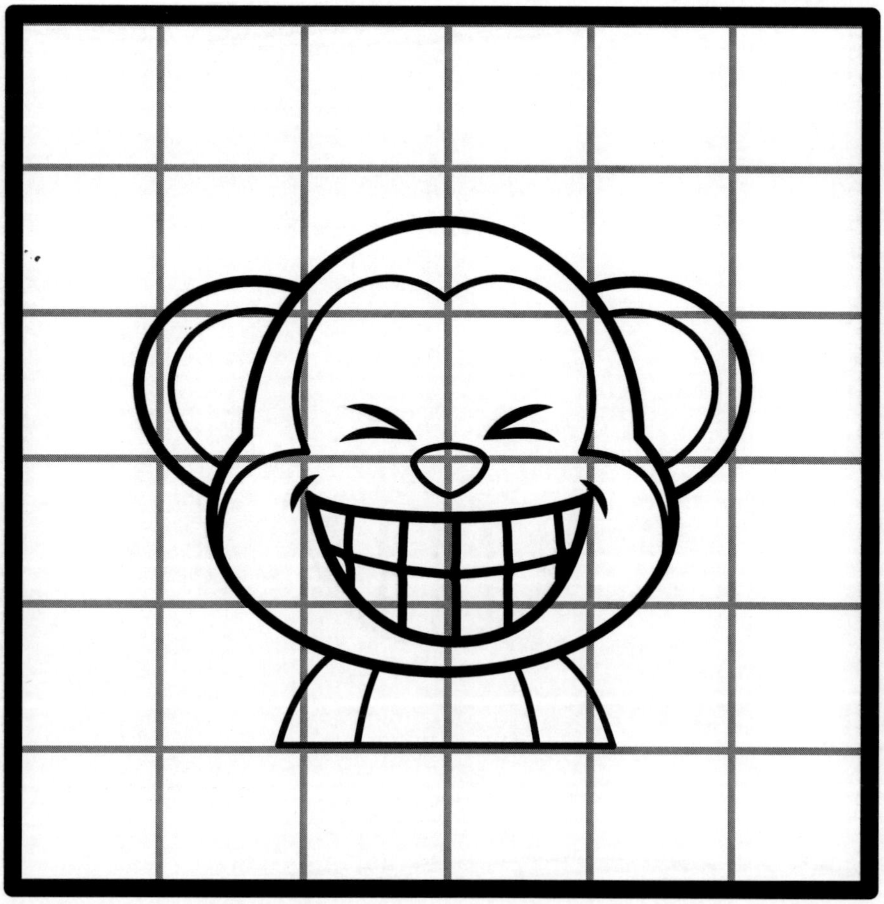
A B C D E F
1
2
3
4
5
6

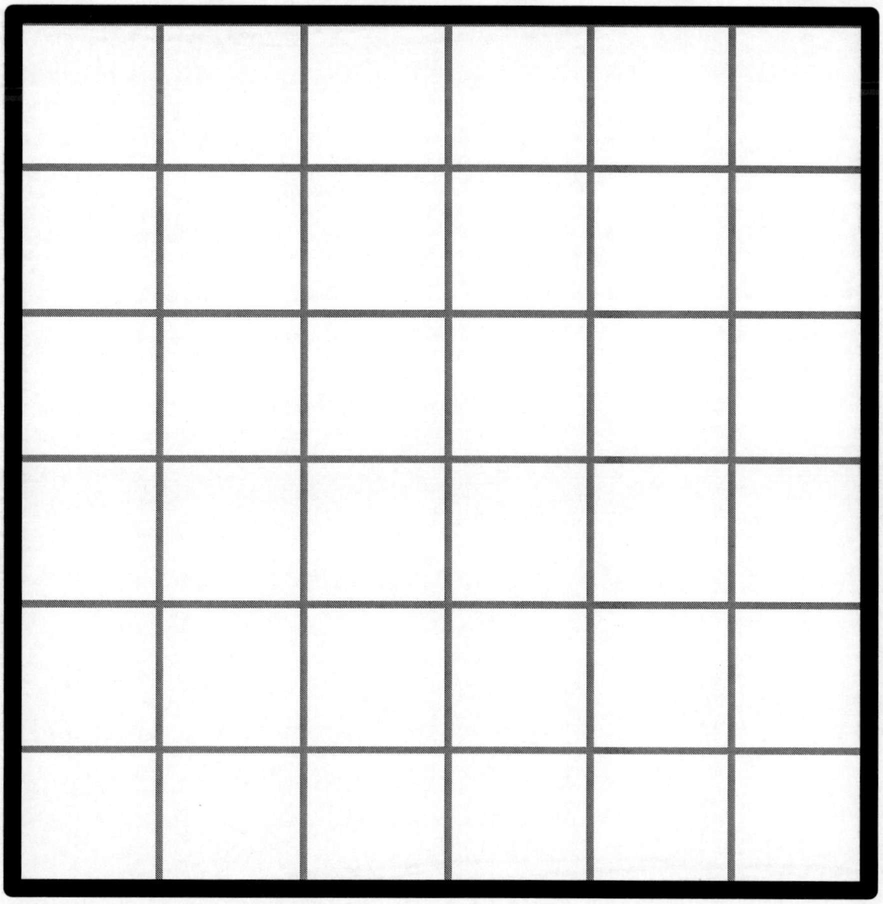
A B C D E F
1
2
3
4
5
6

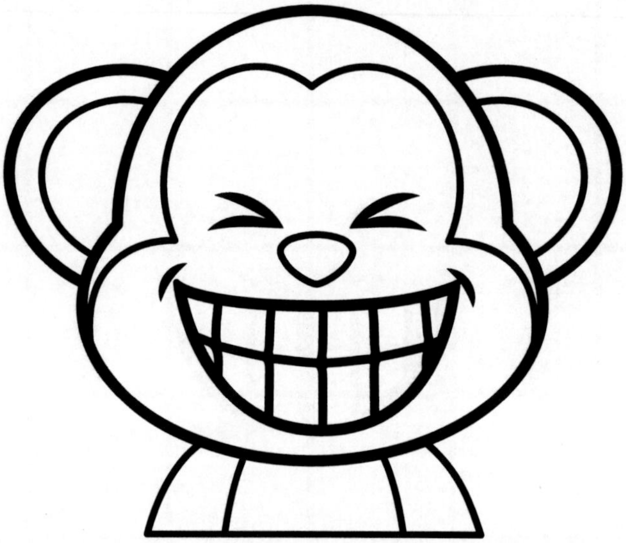

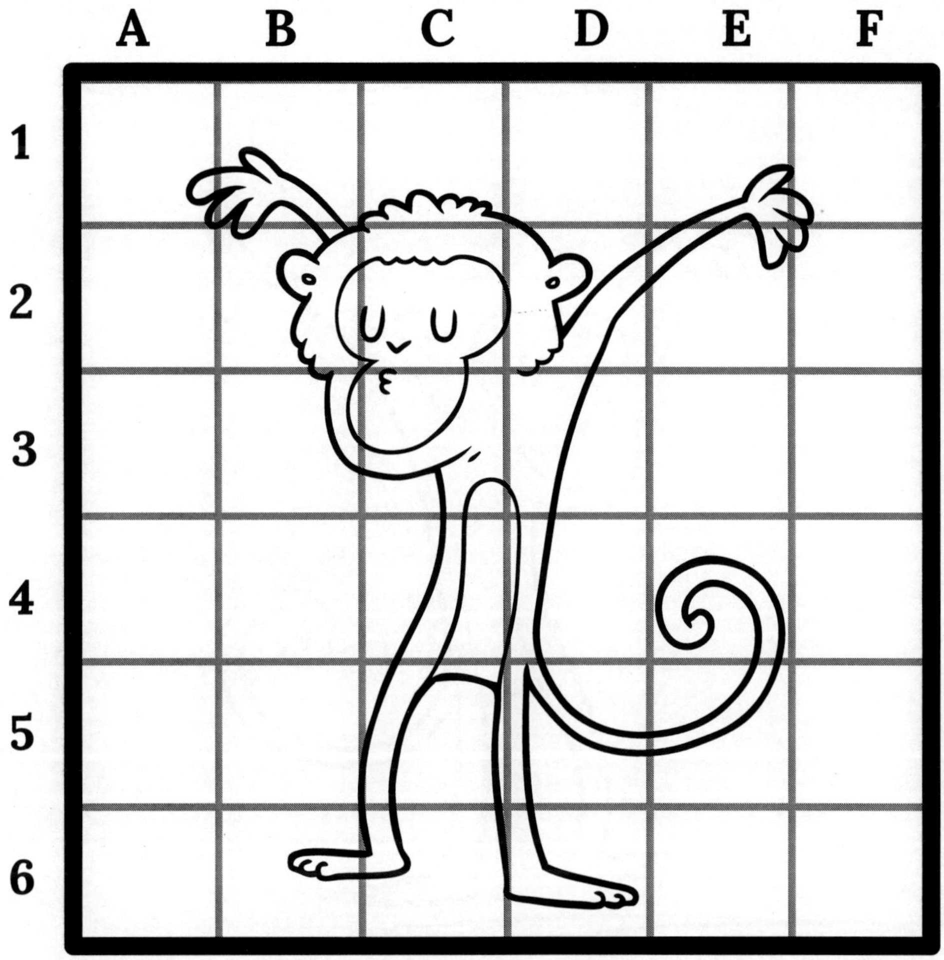
A B C D E F
1 2 3 4 5 6

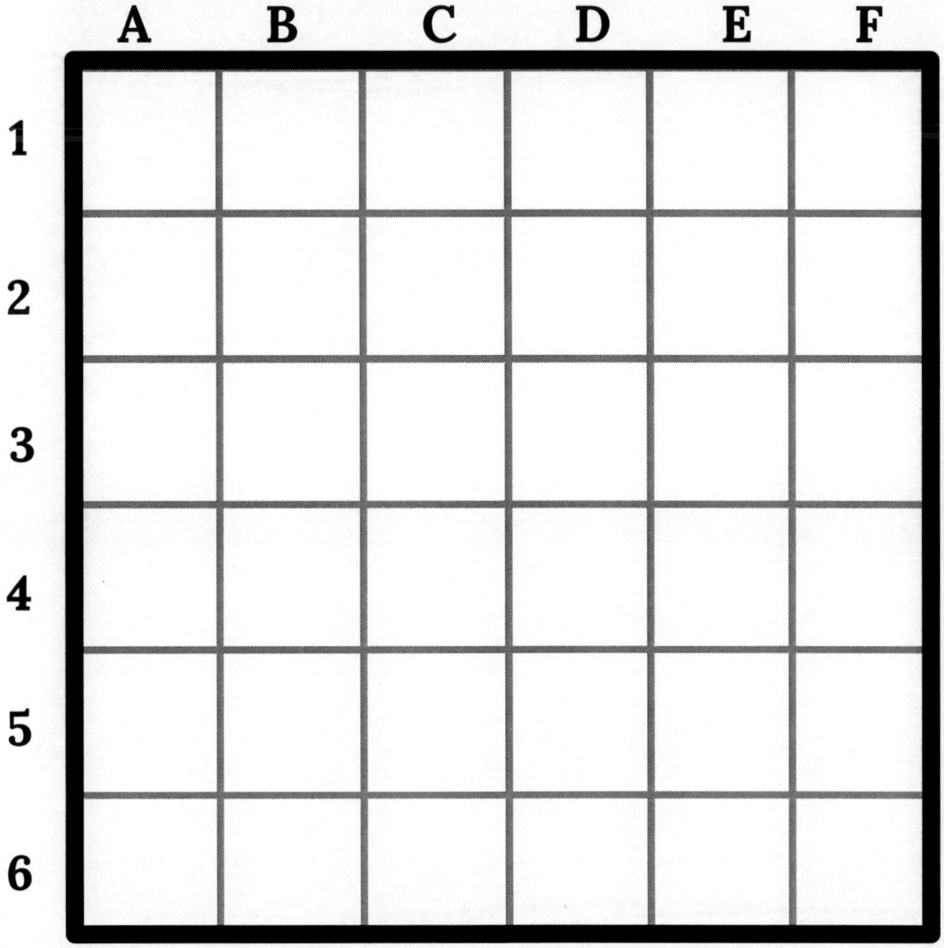
A B C D E F
1 2 3 4 5 6

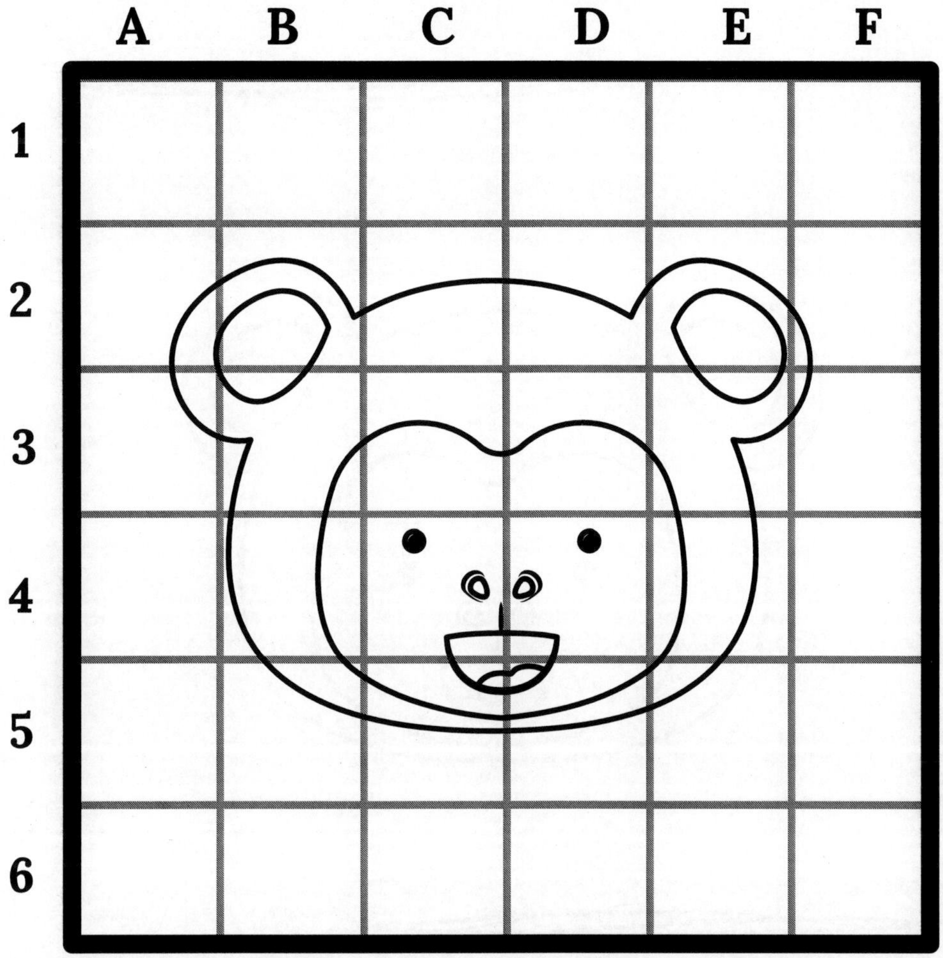
A B C D E F
1 2 3 4 5 6

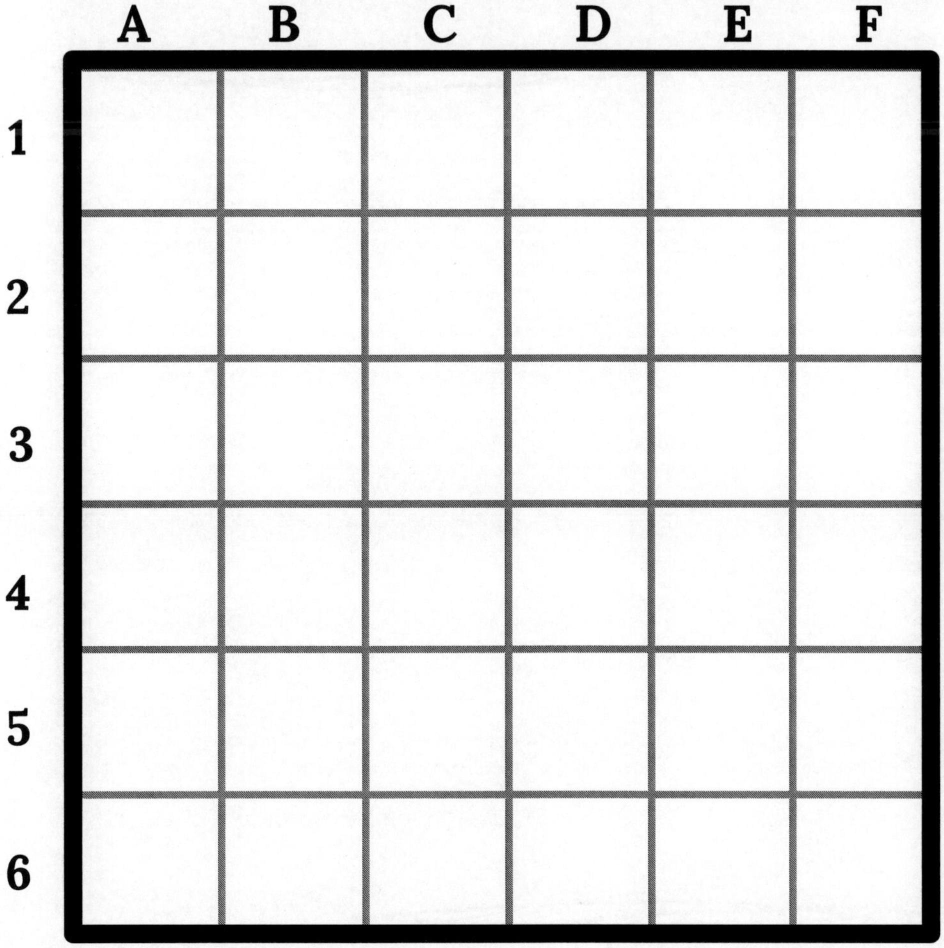
A B C D E F
1 2 3 4 5 6

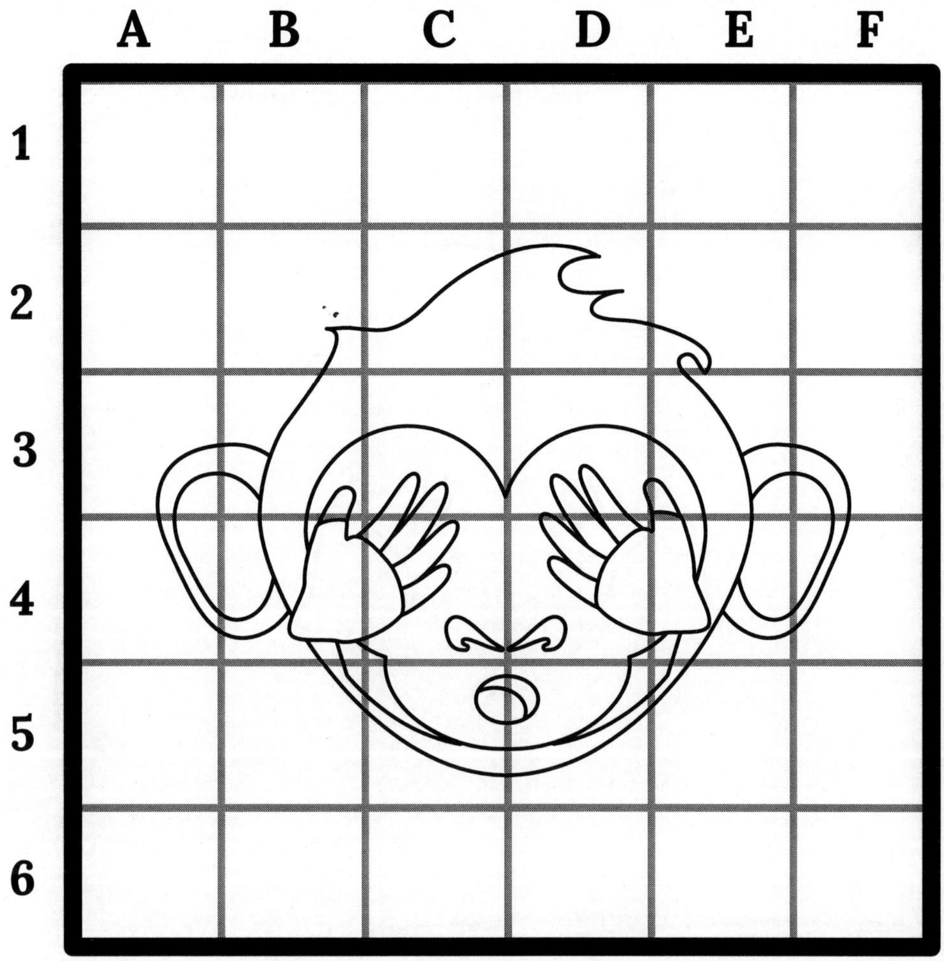
A B C D E F
1 2 3 4 5 6

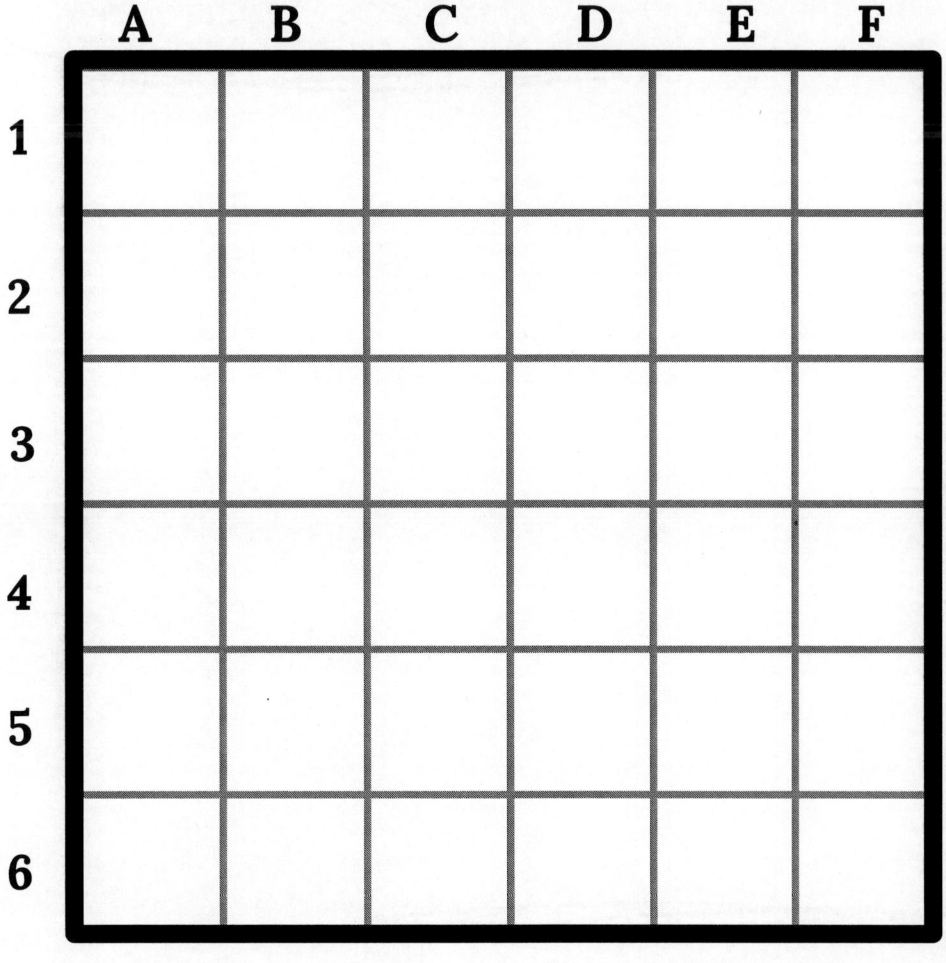
A B C D E F
1 2 3 4 5 6

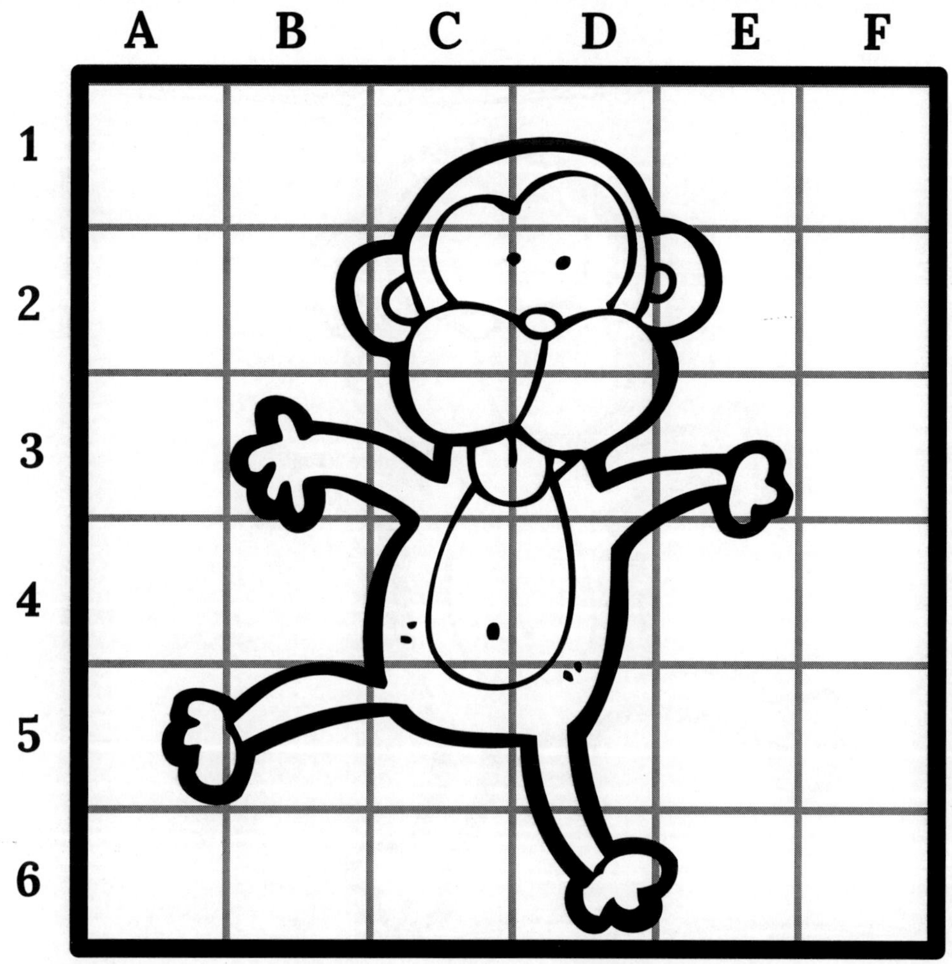
A B C D E F
1 2 3 4 5 6

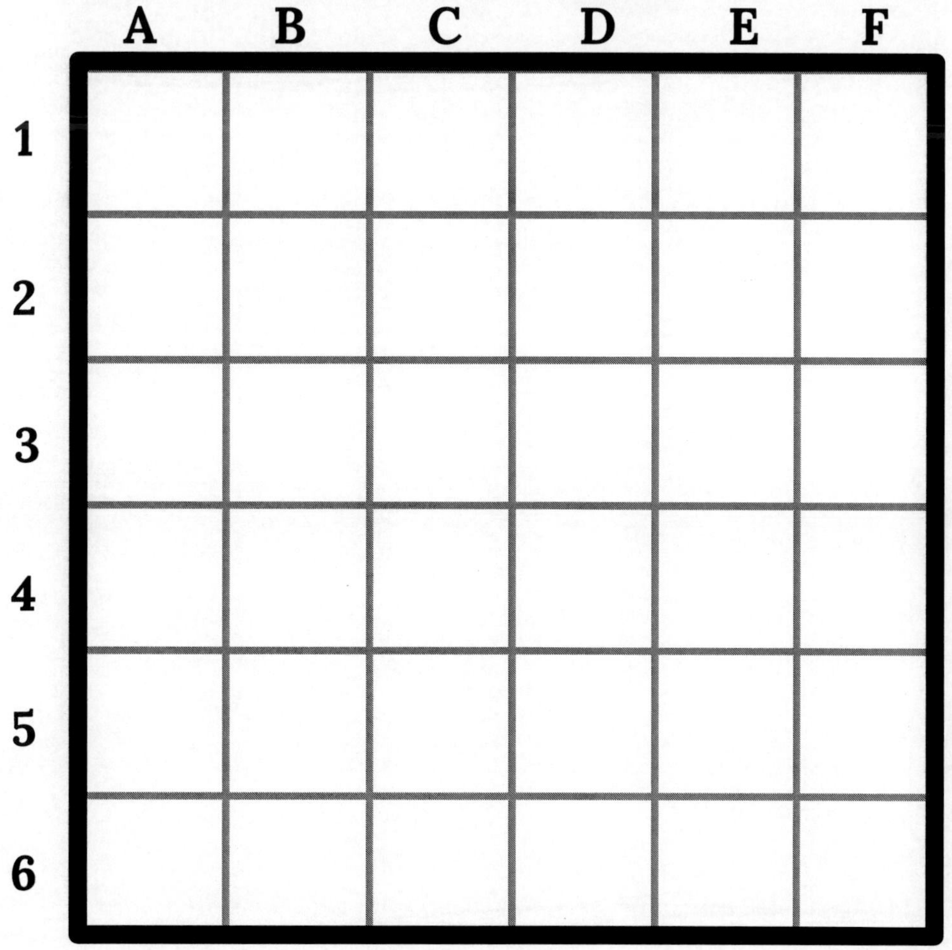
A B C D E F
1 2 3 4 5 6

A B C D E F
1
2
3
4
5
6

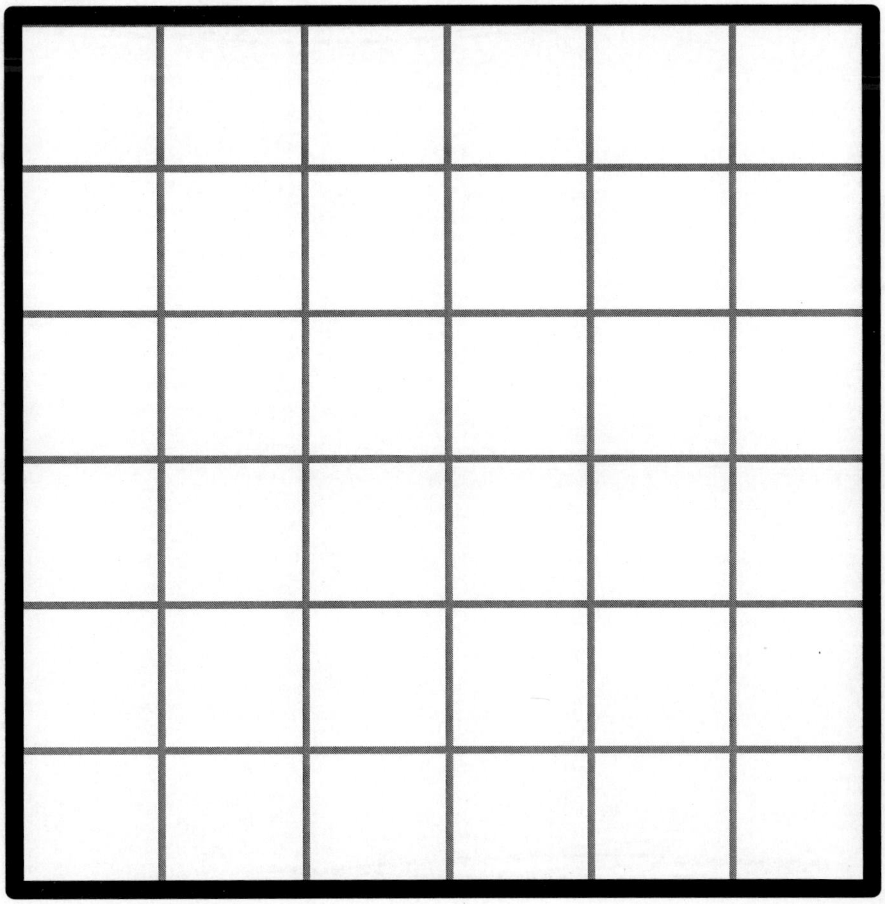
A B C D E F
1
2
3
4
5
6

A B C D E F

1 2 3 4 5 6

A B C D E F

1 2 3 4 5 6

A B C D E F

1 2 3 4 5 6

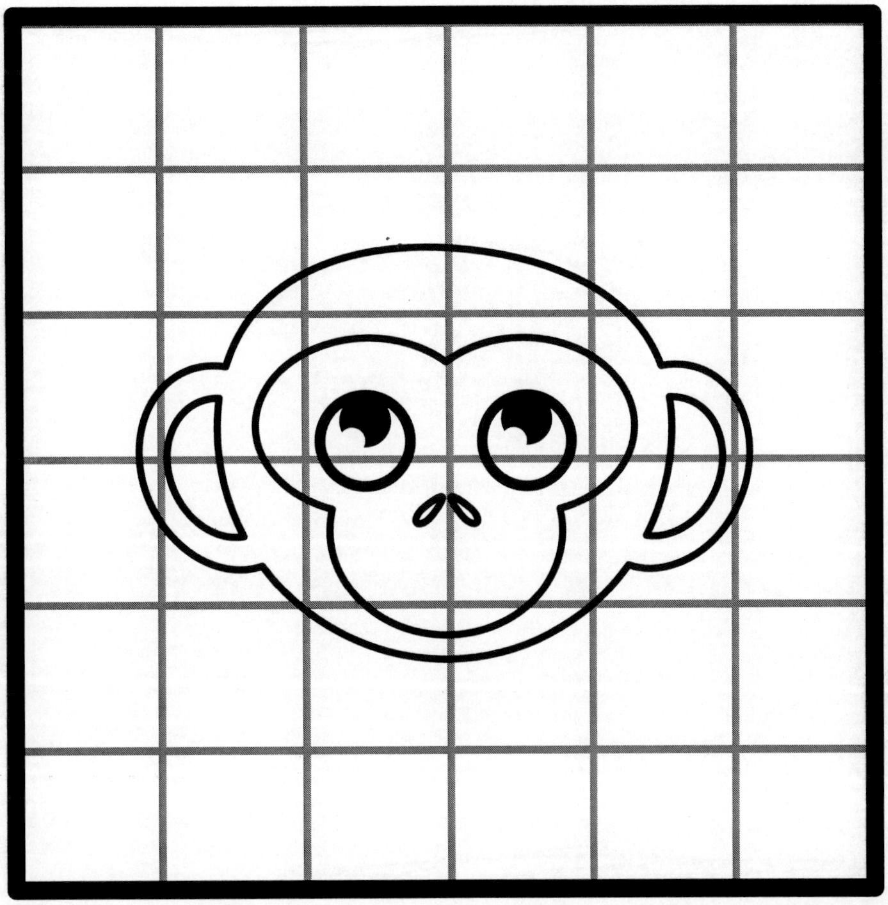

A B C D E F

1

2

3

4

5

6

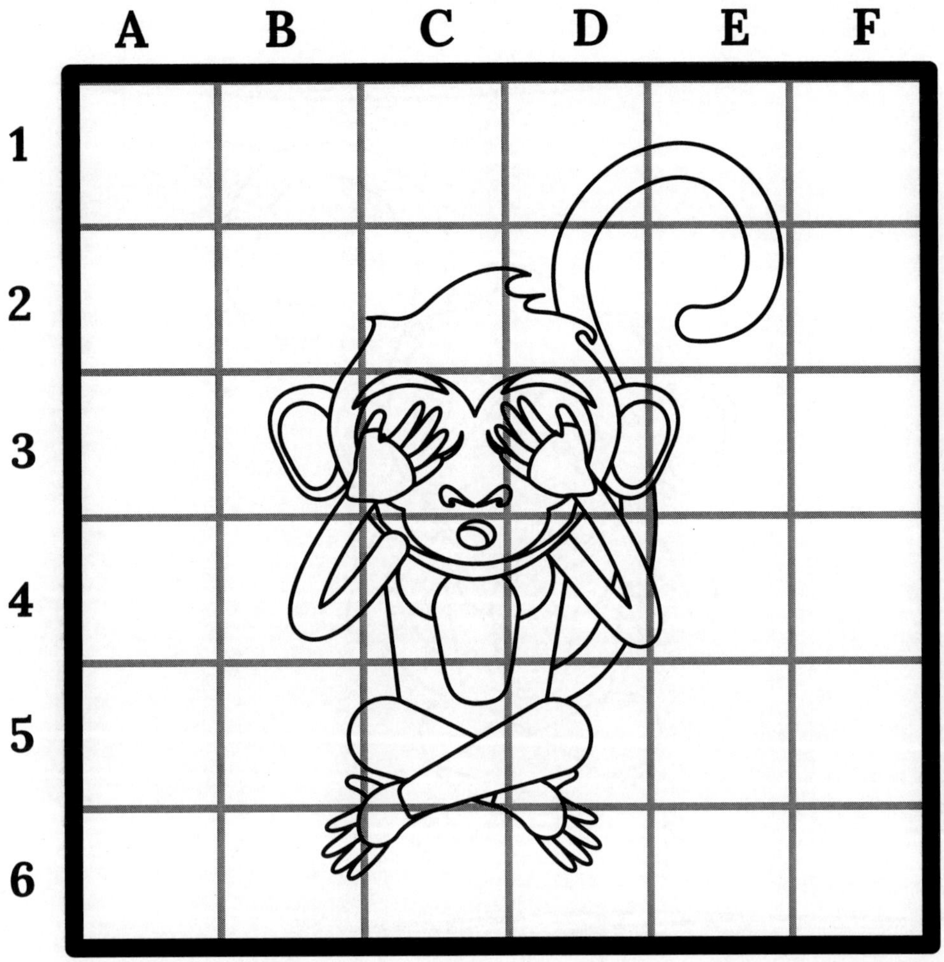

A B C D E F

1

2

3

4

5

6

	A	B	C	D	E	F
1						
2						
3						
4						
5						
6						

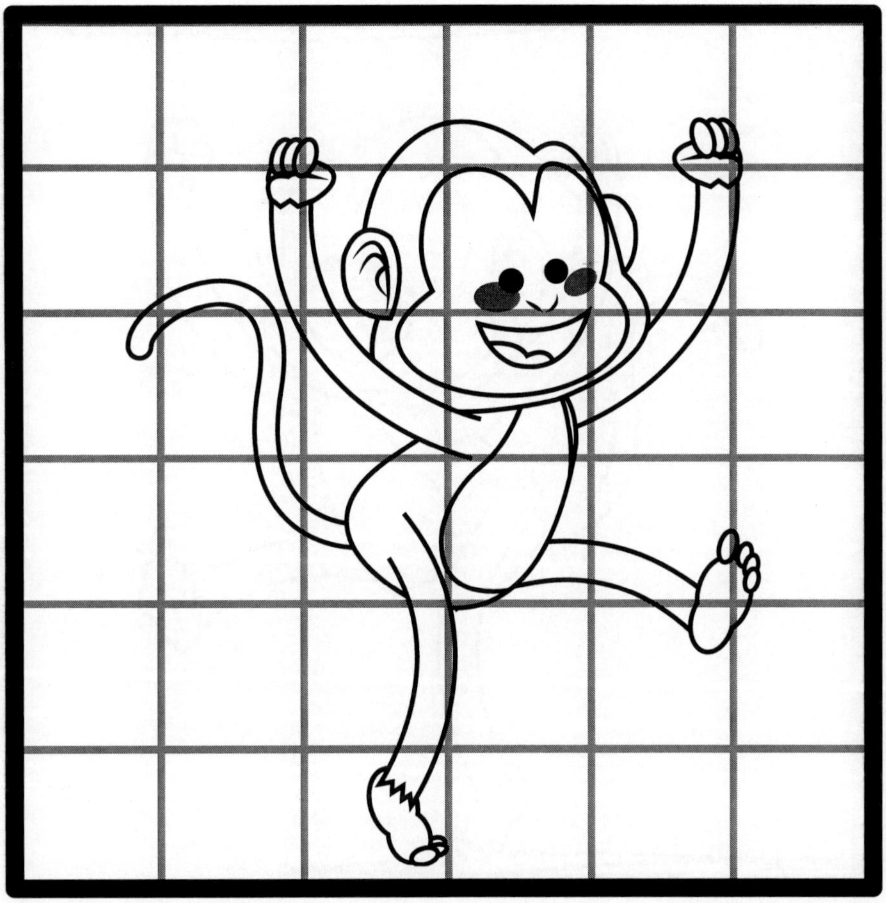

	A	B	C	D	E	F
1						
2						
3						
4						
5						
6						

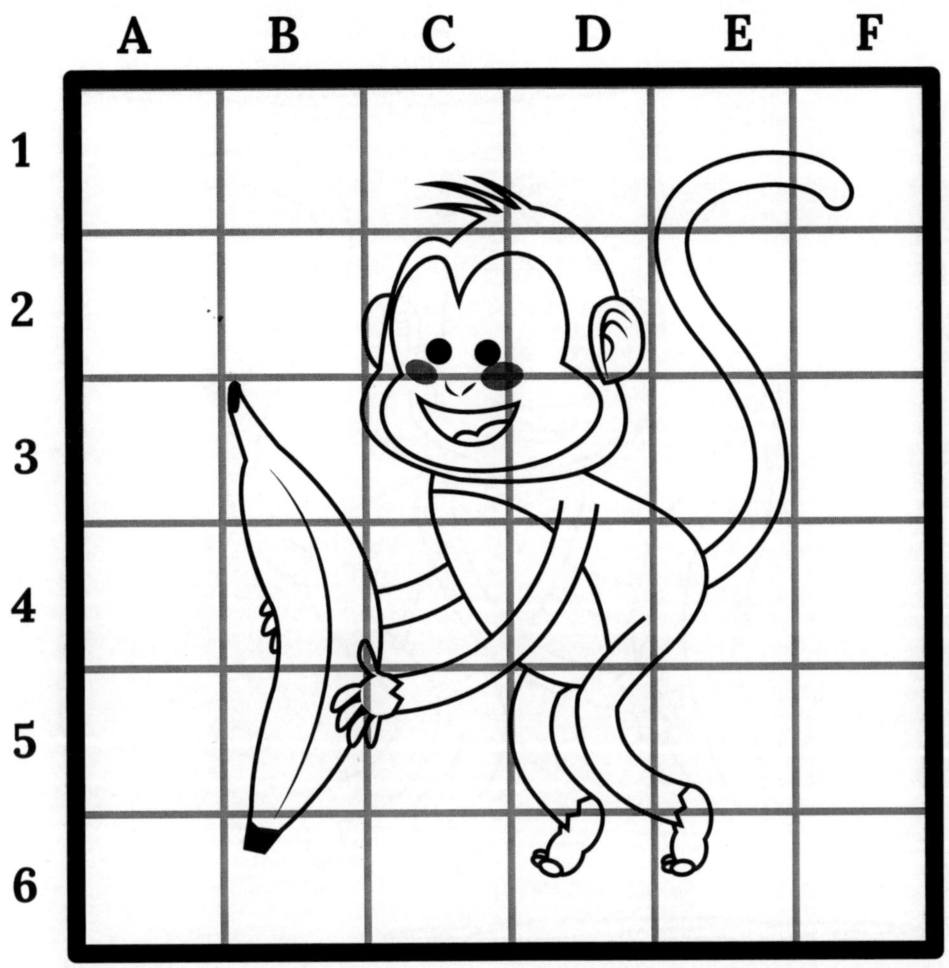
A B C D E F
1
2
3
4
5
6

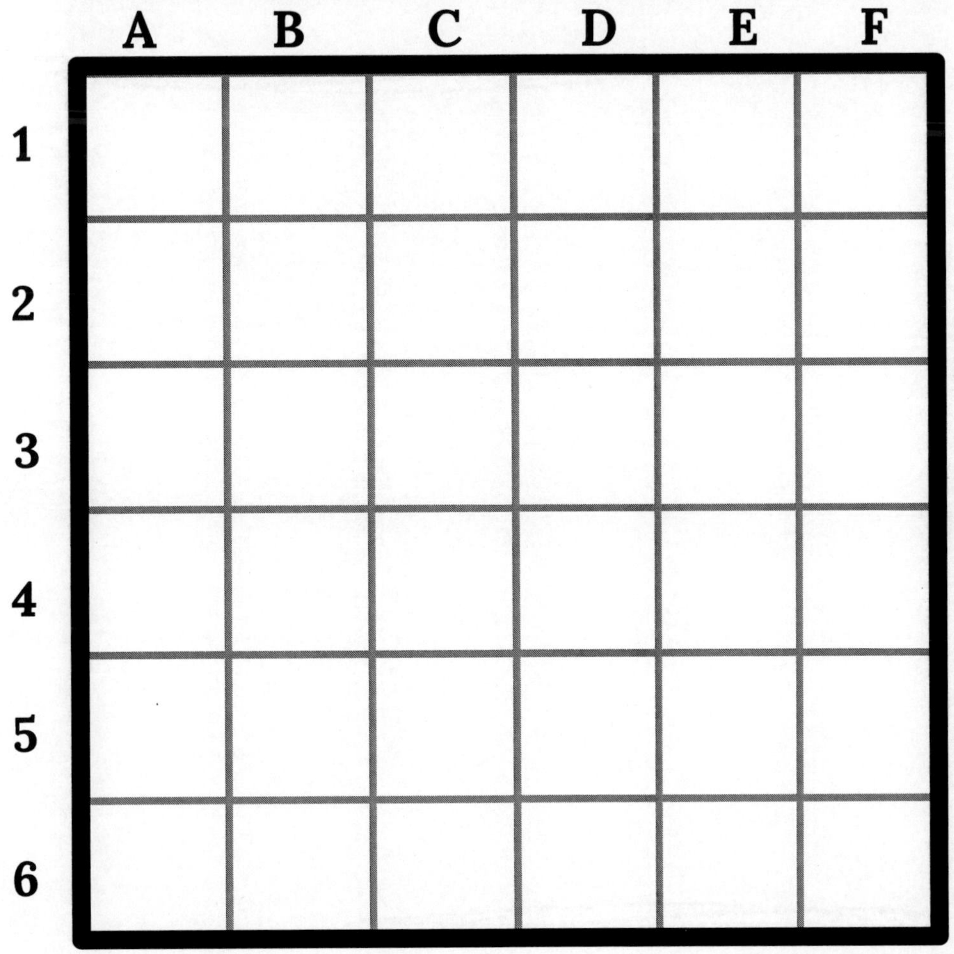
A B C D E F
1
2
3
4
5
6

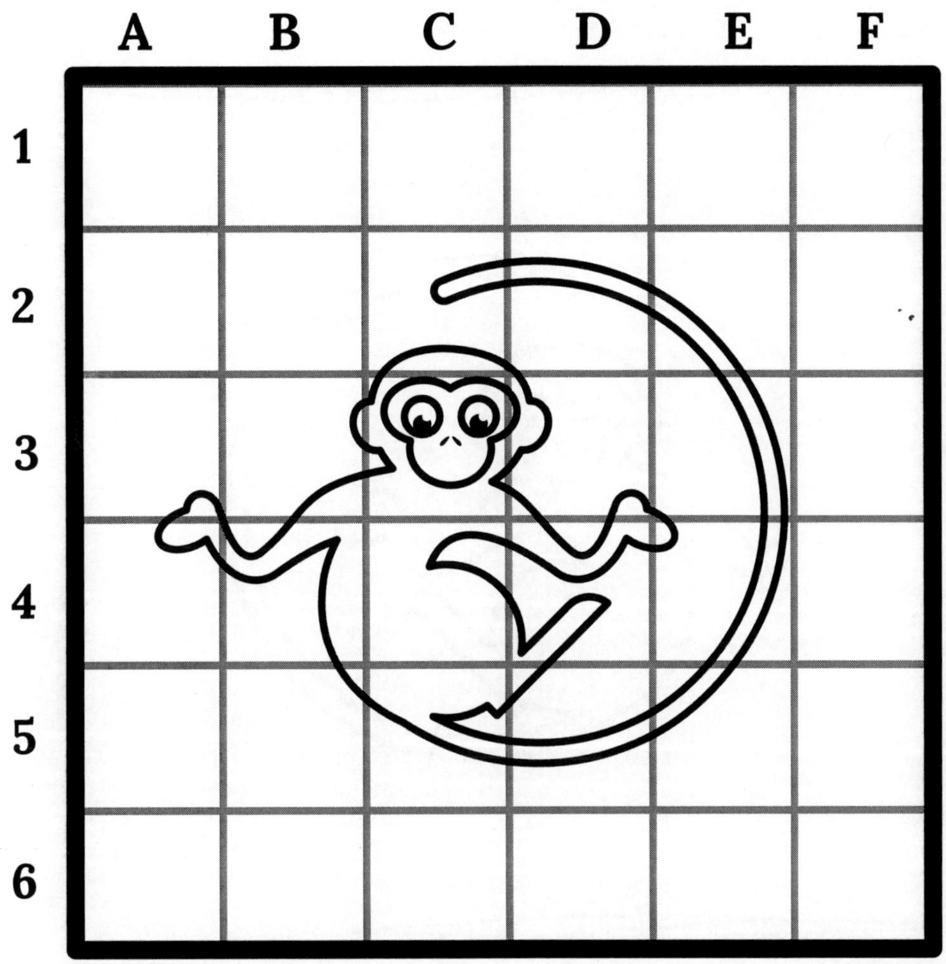
A B C D E F
1 2 3 4 5 6

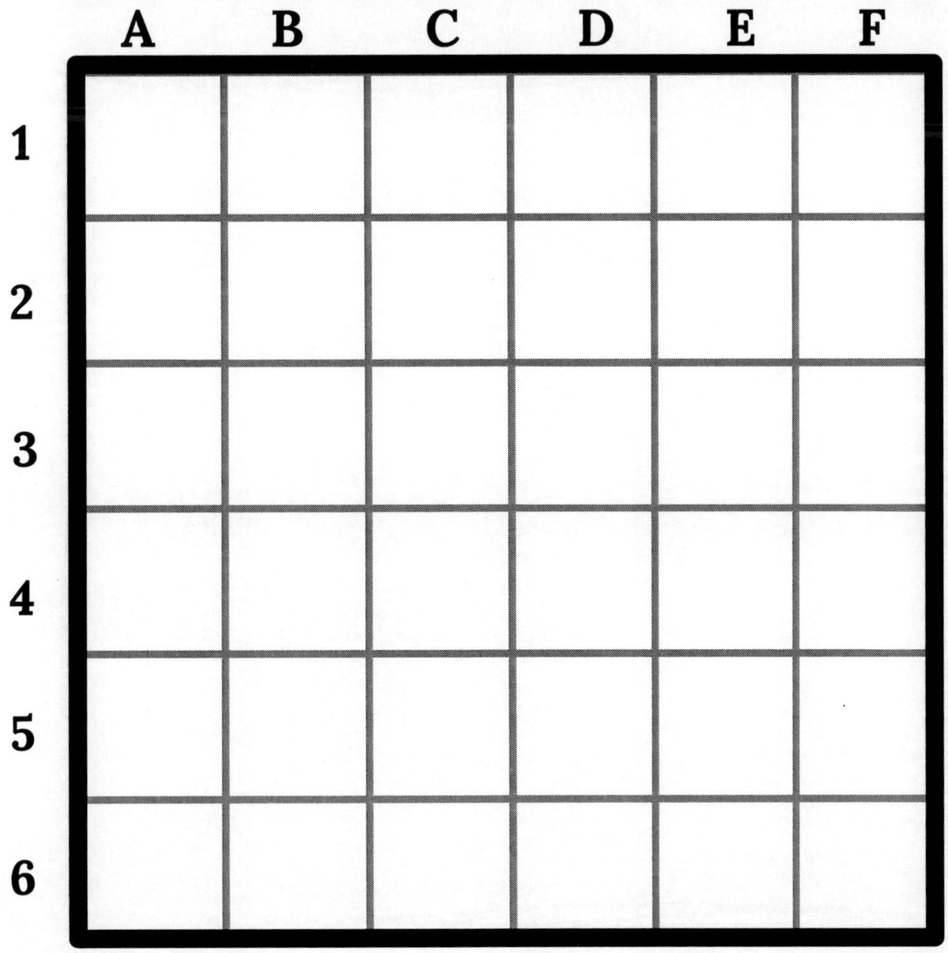
A B C D E F
1 2 3 4 5 6

A B C D E F

1
2
3
4
5
6

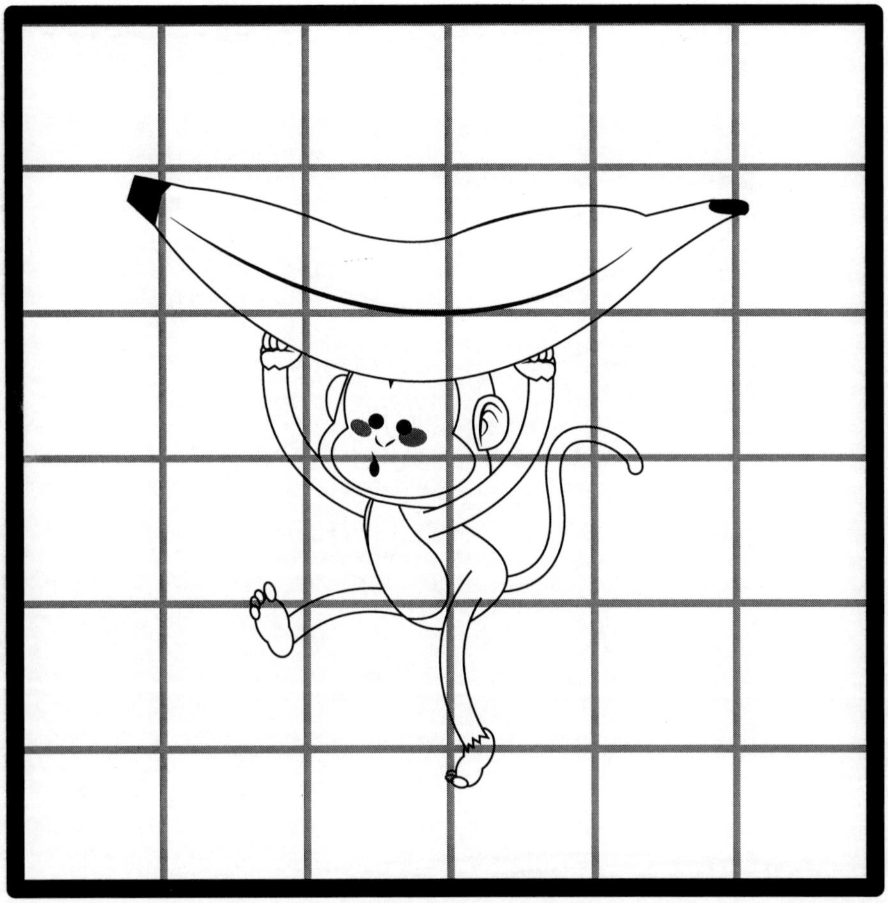

A B C D E F

1
2
3
4
5
6

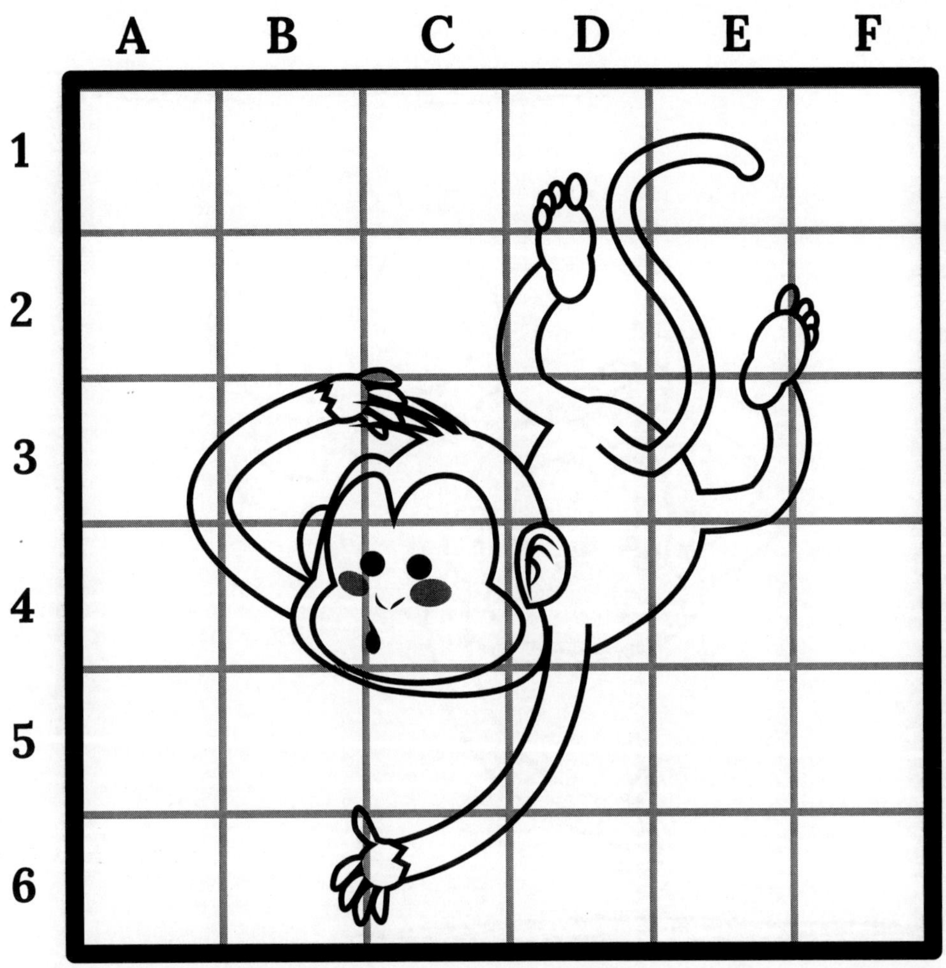

	A	B	C	D	E	F
1						
2						
3						
4						
5						
6						

A B C D E F

1
2
3
4
5
6

A B C D E F

1
2
3
4
5
6

A B C D E F

1
2
3
4
5
6

A B C D E F

1
2
3
4
5
6

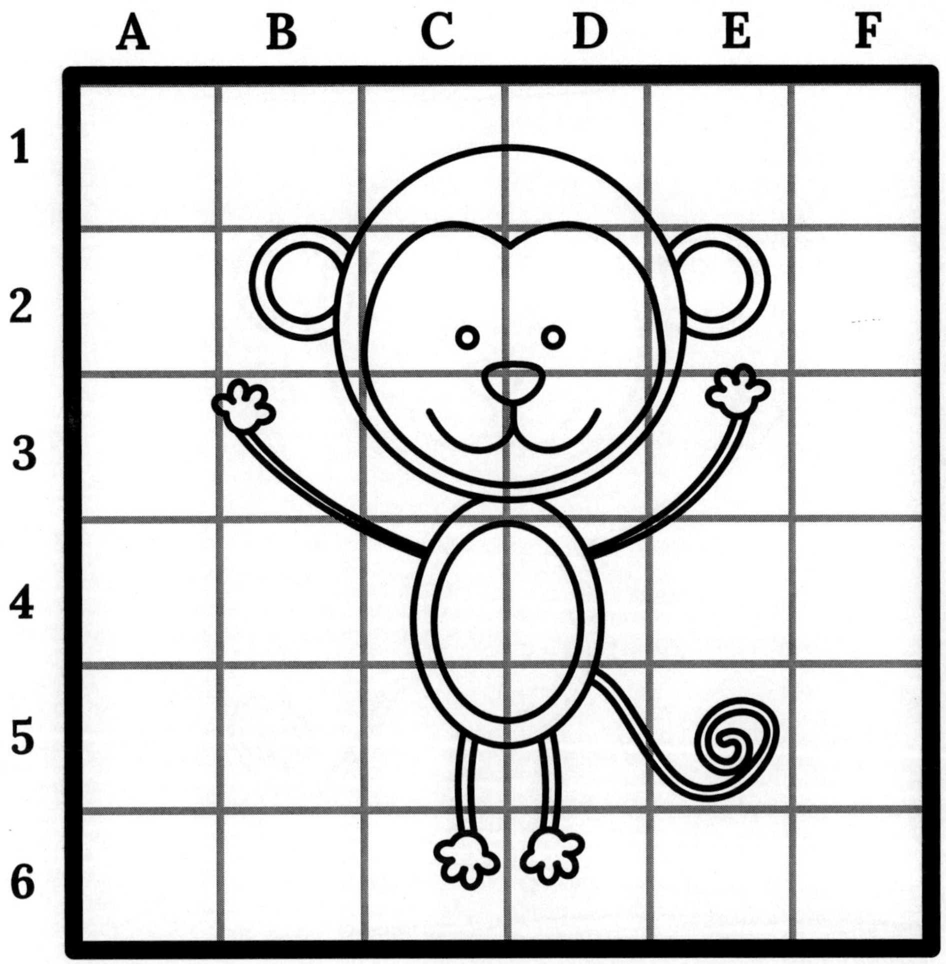
A B C D E F
1
2
3
4
5
6

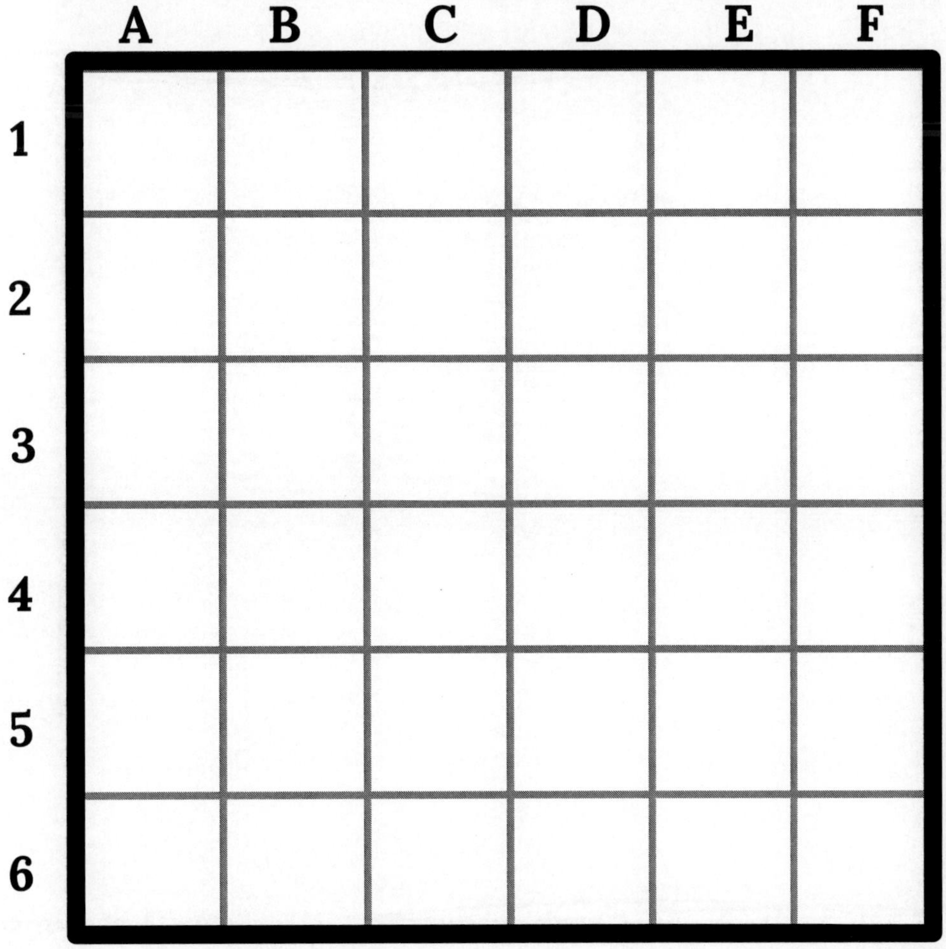
A B C D E F
1
2
3
4
5
6

ISBN: 9798885035064